阿彌陀佛50問

學佛入門Q&A

法鼓文化編輯部 編著

〈導讀〉

念念與阿彌陀佛相應

在中國彌陀淨土法門的傳統裡，有許多祖師大德的著作，以問答形式來闡述淨土教義和信仰問題，例如隋代智顗大師的《淨土十疑論》、元代天如惟則禪師的《淨土或問》及清代悟開法師的《念佛百問》等，乃至現、當代大德亦有這種形式的著作在坊間流傳，而且為數不少。在一問一答之間，讓淨土法門的學習者或是一般讀者，容易明白問題所在，並且得到相應的解答。

古代的著作由於文字古奧，對於現代人而言，閱讀上會有些許隔閡或是障礙，因而法鼓文化出版這套「學佛入門Q&A」系列著作，接引現代人認識佛教，尤其本書《阿彌陀佛50問》，除了文字明白可讀之外，內容採自經典的教示、古代祖師大德的成說、教導修持的方法，以及當代學者的研究成果，具有較為廣闊的視野來介紹阿彌陀佛的種種問題，對彌陀念佛法門的基礎認知而言，是當代人士的一大福音。

聖嚴法師曾於《念佛生淨土》說：「修念佛法門者，正在念佛時，將心中所有一切雜念放下，只管專心念佛號，此心即與佛相應，那時的心中，便沒有恐懼、懷疑、貪、瞋、驕傲等的雜念起伏。若能更進一步，一時之間，全部雜念離你而去，此時便與佛的淨土相應。一念相應一念見淨土；二念相應二念是淨土；念念相應念念住淨土。」這裡所謂的「將心中所有一切雜念放下，只管專心念佛號」，可視為念佛的下手處。我們時時處於妄想紛飛的情境裡，不由自主。我們也知道妄想紛飛來自於過去世的業障，因為妄想表示內心不清淨，不清淨便會產生煩惱，煩惱即是業障，佛法說這是煩惱障，惱亂心神，不能顯發妙明眞性。

我們平時養成念佛的習慣，讓心安住在佛號上，目的是要以佛號抵擋每天無時不刻的妄想，以一句佛號來轉換無數的念頭，這樣一來，煩惱便會漸漸減少，直到「一念相應一念見淨土；二念相應二念是淨土；念念相應念念住淨土」。念佛人如果已經有點工夫的，便能夠佛號一提起，一切戲論皆當止息；一心專念，佛號在當下。

念佛者的修行第一要務是要讓心調柔下來，我們看到自己不喜歡的人、事、物，常用自己的習慣、教育、知識等慣性思維或刻板印象，以此評判外在的一切，在不知不覺之中陷入「順我者昌，逆我者亡」的霸道態度。其實，這是心不調柔所產生的問題，不調柔也就是「我執」仍然很重，亦即還有很強的「貪、瞋、癡」，但是我們常常在「合理化」自己的「貪、瞋、癡」，這是無明的一種表現。因此，我們應「時時刻刻與佛的慈悲和智慧相應」，這是修行的第一要務，因具有慈悲與智慧，便沒有恐懼、懷疑、貪、瞋、驕傲，修行的目的在於追求這種精神上的超脫境界。

我們一般人雖無法證入「念佛三昧」，但可藉由「信願」成就往生。印光大師曾說：「念佛一法，乃仗佛力出三界，生淨土耳。今既不發願，亦豈有信。」眞信切願是往生極樂淨土的必備條件，也是念佛法門的眞實義。具有「眞信切願」必能生起菩提悲願，因爲已達「眞誠」、「懇切」，故自然而然地發起菩提心願，否則所謂的「眞信」、「切願」恐怕只是嘴巴說說。

而往生極樂世界必須發菩提心，如蓮宗二祖善導大師《觀經四帖疏》指出：「願以此功德，平等施一切，同發菩提心，往生安樂國。」曇鸞大師《無量壽經優婆提舍願生偈註》亦云：「此無上菩提心即是願作佛心，願作佛心即是度眾生心，度眾生心即攝取眾生生有佛國土心。是故願生彼安樂淨土者，要發無上菩提心也。若人不發無上菩提心，但聞彼國土，受樂無間，爲樂故願生，亦當不得往生也。」曇鸞大師強調沒有發菩提心，不可能往生彼佛國世界。這個菩提心涵攝「乘願再來娑婆世界度化眾生」的眞實義。蓮宗九祖蕅益大師《大乘起信論裂網疏》說：「爲度眾生求生淨土，非爲自身獨出生死。有此菩提弘願，方是往生正因，不然縱令念佛菩薩，與佛菩薩氣分不相契合，不能生淨土也。」求生淨土並不是爲了自己享樂，而是須發「菩提弘願」才能與「佛菩薩氣分相契合」，否則往生不了極樂世界。

上文藉由聖嚴法師一段教導的話語破題，並略微闡述念佛方法、心態及延伸至發願往生極樂世界必須發菩提心等要義，以與《阿彌陀佛50問》相互呼應，祈望《阿彌陀佛50問》能讓讀者們認識阿彌陀佛的慈悲願海，也能開拓出美好人生的光明淨土，獲得無上法味。

陳劍鍠
香港中文大學人間佛教研究中心主任

目次

認識阿彌陀佛

2 阿彌陀佛的西方淨土

3 學習阿彌陀佛有方法

4 彌陀願海光明人生

1

認識阿彌陀佛

Question

01

爲何說「家家彌陀佛，戶戶觀世音」？

阿彌陀佛是西方極樂世界的教主，觀世音與大勢至是他的兩大脇侍菩薩，合稱爲西方三聖。古代中國人將家中最好的位置，用於供奉西方三聖，而有「家家彌陀佛，戶戶觀世音」的盛大景象，從中可以得知彌陀信仰自古以來，如何普及社會和深植人心。

隨時隨地念佛安心

佛教的修行法門多達八萬四千種，但以阿彌陀佛的淨土修行法門，最受中國人的歡迎，這是因爲念佛的修行方法非常簡單，人人一學就會，隨時隨地都可念佛安心。

簡簡單單的一聲「阿彌陀佛」，福增無量，罪滅河沙。《觀無量壽經》說：「稱佛名故，於念念中，除八十億劫生死之罪。」無論是否相信念佛的除罪力量，單就彌陀廣大無邊的慈悲願海，爲我們建設一個幸福無量的佛國淨土，願眾生與他一樣光明無量、壽命無量，如此深廣的願力，如何能不隨佛而行呢？

身而爲人，都必須經歷人世間的生死無常。一句彌陀，爲古往今來的人們化解生老病死苦，化解天災人禍苦，知道無論歷史如何改朝換代，家族如何南遷北徙，自己的人生道路都將導向淨土，能依著彌陀信願往生極樂世界。

點亮心燈帶來光明希望

隨著科技時代的來臨，知識教育的普及，人們或許衣食無憂，但卻不比日出而作、日落而息的古人快樂，物質享受加倍，精神壓力與生命危險也加倍。危殆不安的國際局勢，讓人恐慌何時爆發經濟戰爭、核武戰爭或病毒傳染，每個人都

（許朝益　攝）

需要光明希望，而口誦佛號，就是最快幫自己點亮心燈的方法，讓阿彌陀佛的無量光、無量壽帶給自己與世界滿滿的祝福。

聖嚴法師於《法鼓山的方向：關懷》書中勉勵人說：「我個人由於宗教的信仰，心存『處處觀音菩薩，聲聲阿彌陀佛』，隨時安心、隨念安心、隨遇安心，隨時隨地把心收回來，讓波動的心安定下來，更希望佛法的『慈悲之光』、『智慧之光』，給人間帶來溫暖，讓人人都能身安、心安、家安、業安才是眞正可靠且究竟的平安。」

讓我們一起念佛，深入彌陀願海，讓人人同得歡喜平安！

Question 02

南無阿彌陀佛是什麼意思？

「南無阿彌陀佛」的「南無」，是「皈依」的意思，歸投依靠佛、法、僧三寶，以離苦得樂。

皈依阿彌陀佛

阿彌陀佛是我們所皈依的諸佛之一，爲什麼要皈依阿彌陀佛呢？因爲阿彌陀佛能幫助衆生離開生死苦海，往生極樂世界。阿彌陀佛是梵語，一稱Amitābha，意譯爲無量光；或稱Amitāyus，意譯爲無量壽。因此，阿彌陀佛又稱爲無量光佛或無量壽佛。

光明無量和壽命無量

阿彌陀佛名號的由來，根據鳩摩羅什法師翻譯的《阿彌陀經》所說：「彼佛光明無量，照十方國，無所障礙，是故號為阿彌陀。……彼佛壽命，及其人民，無量無邊阿僧祇劫，故名阿彌陀。」由此可知，佛因光明無量和壽命無量，而被稱為阿彌陀佛。

當我們稱念「南無阿彌陀佛」，即是皈依無量光、無量壽佛。

Question

03

佛教徒爲何以阿彌陀佛爲問候語？

不論是見面或告別，佛教徒都以一聲「阿彌陀佛」開始與結束。阿彌陀佛既是問候語，也是祝福語，很適合在各種場合表達親切的問候與關懷的心意。以「阿彌陀佛」來問候彼此，不僅僅是問候生活是否過得愉快，也是祝福對方能健康長壽，充滿無限的光明希望。

佛教徒隨時隨地口稱「阿彌陀佛」的習慣，起源於唐末的永明延壽禪師。他不但勉勵人「一念相應一念佛，念念相應念念佛」，更身體力行一天念佛十萬聲，時時刻刻都在用心念佛，不管呼喚他或請教佛法，所說的皆不離一句「阿彌陀佛」。「念念念佛」的方法，被廣爲流傳後，融入了平民百姓的大眾生活，形成漢傳佛教的獨特問候語。

（李東陽　攝）

Question

04

阿彌陀佛爲何是諸佛之王？

阿彌陀佛被尊爲「諸佛之王」、「佛中之王」，許多大乘佛教經典皆讚揚阿彌陀佛與極樂淨土，而有「十方三世佛，阿彌陀第一」之說。

諸佛之王典故出處

佛佛平等，諸佛皆覺悟圓滿、功德無量，沒有高下之別，爲何特稱阿彌陀佛爲諸佛之王？

三國時代的支謙居士所譯的《阿彌陀三耶三佛薩樓佛檀過度人道經》，是《無量壽經》的一個譯本，根據經中記載阿彌陀佛曾發願，希望自己的神通、智慧、光明皆能勝過諸佛。願力、能力愈大，便能度更多的眾生，佛陀因而讚歎阿彌陀佛：「阿彌陀佛光明姝好，……諸佛光明中之極明也，光明中之極好也，光明中之極雄傑也，光明中之快善也，諸佛中之王也。」阿彌陀佛因此被尊爲「諸佛之王」。

而《入楞伽經》更說：「十方諸刹土，衆生菩薩中，所有法報佛，化身及變化，皆從無量壽，極樂界中出。」意即阿彌陀佛是一切佛的根本佛，也可說諸佛皆是阿彌陀佛的化身，讓阿彌陀佛達到最巔峰的尊崇地位。

阿彌陀佛象徵十方一切佛

阿彌陀佛不只是無量光、無量壽，也是無量佛。華嚴思想的「一即一切，一切即一」，說明「一佛即是一切佛，一切佛即是一佛」。阿彌陀佛特別以「無量」立名，在名稱上已包含了一切佛，而能代表十方一切佛。《觀無量壽經》說：「見無量壽佛者，即見十方無量諸佛。」見阿彌陀佛即是見一切佛，讚歎阿彌陀佛也即是讚歎一切佛。

稱阿彌陀佛為「諸佛之王」，在弘法上也有另一層深意。十方三世佛無量無邊，在弘法上很難集中推廣的焦點，大乘佛教以阿彌陀佛為象徵，代表一切諸佛，透過簡單易修的念佛法門，讓佛教隨著聲聲阿彌陀佛，普及人間。

Question 05

爲何稱阿彌陀佛爲十二光佛？

阿彌陀佛有十三個別名，一類與壽命有關，名爲無量壽佛；另一類與光明有關，名爲十二光佛，總稱無量光佛。

十二光佛爲稱讚阿彌陀佛光明的十二種名稱，最能展現「光中極尊，佛中之王」的光明無量。根據曹魏康僧鎧法師所譯的《無量壽經》記載：「無量壽佛號無量光佛、無邊光佛、無礙光佛、無對光佛、炎王光佛、清淨光佛、歡喜光佛、智慧光佛、不斷光佛、難思光佛、無稱光佛、超日月光佛。」

十二種光的功德意義爲：

1. 無量光：佛光不可算數，沒有限量。
2. 無邊光：無論有緣、無緣，無所不照。

（李澄鋒　攝）

3.無礙光：智慧沒有障礙，沒有分別執著。
4.無對光：諸菩薩所不能及。
5.炎王光：謂光明自在無可及者。
6.清淨光：能除眾生的貪心。
7.歡喜光：能除眾生的瞋心。
8.智慧光：能除眾生的癡心。
9.不斷光：光明恆照不絕。
10.難思光：智慧光明不可思議。
11.無稱光：光明功德難以稱揚道盡。
12.超日月光：日夜恆照，超越日月之光。

眾生若遇此十二種佛光，能身心柔軟，歡喜無比，而生善心。即使位於地獄、餓鬼、畜生三惡道，見此光明，皆能休息，無復苦惱，壽終之後，皆得解脫。

Question

06

經典中阿彌陀佛有哪些過去生？

佛教經典中，有很多關於阿彌陀佛的過去生故事，如：

1. 法藏比丘：《無量壽經》記載，世自在王佛時，有一國王聞佛說法後，捨國出家，號爲法藏，發四十八願，修成阿彌陀佛。

2. 第九王子：《法華經》記載，大通智勝如來時，有十六位王子出家修行，其中的第九王子，於西方成佛，即阿彌陀佛。

3. 無諍念王：《悲華經》記載，名爲無諍念的轉輪王，於供養寶藏如來時，發願成佛，寶藏如來因而授記他將於西方世界作佛，國名安樂，那位國王即是阿彌陀佛。

4. 淨命比丘：《大乘方廣總持經》記載，無垢焰稱起王如來時，有淨命比丘，總持諸經十四億部，隨衆生願樂，廣爲說法，他即是阿彌陀佛。

5.淨福報衆音太子：《賢劫經》記載，辯嚴淨雷音吼如來時，有太子名淨福報衆音，供養如來，他即是阿彌陀佛。

6.無限量寶音法師：《賢劫經》另一記載，金龍決光佛時，有法師名無限量寶音，力弘經法，他即是阿彌陀佛。

7.第三比丘：《觀佛三昧海經》記載，空王佛時，有四位比丘煩惱覆心，空王佛教他們觀佛，而得到念佛三昧，阿彌陀佛爲當時的第三比丘。

8.勝威國王：《如幻三摩地無量印法門經》記載，師子遊戲金光王如來時，有個名爲勝威的國王，尊重供養如來，修禪定行，那位國王即是阿彌陀佛。

9.不思議勝功德太子：《一向出生菩薩經》記載，阿彌陀佛曾爲轉輪王的太子，名不思議勝功德，十六歲時，從寶功德威宿劫王如來聽聞陀羅尼，七萬年中精進學習未曾睡眠。得遇九十億百千那由他諸佛後，出家教化眾生，令八十億那由他眾生皆發菩提心。

10.慧起王：《如來智印經》記載，月髻如來時，有一名為慧起的轉輪王，供養如來後，捨國出家，即今阿彌陀佛。

Question

07

阿彌陀佛有哪些常見造形？

阿彌陀佛莊嚴偉岸的形相，於〈讚佛偈〉有清楚描繪：「阿彌陀佛身金色，相好光明無等倫，白毫宛轉五須彌，紺目澄清四大海，光中化佛無數億，化菩薩衆亦無邊，四十八願度衆生，九品咸令登彼岸。」

阿彌陀佛的莊嚴身形特徵

這些造形特徵皆根據《觀無量壽經》而有，經中敘述阿彌陀佛的樣貌：

1. 身高爲六十萬億那由他恆河沙由旬。
2. 金色身如百千萬億夜摩天閻浮檀金色。
3. 眉間有一白毫，右旋宛轉，如五須彌山。
4. 眼睛如四大海水，清白分明。

5.全身毛孔都大放光明，光明熾盛如須彌山。

6.阿彌陀佛的圓光，廣如百億三千大千世界。

7.於圓光中，有百億那由他恆河沙化佛，每一化佛，皆有無數化菩薩爲侍者。

8.擁有八萬四千光明相，每一相中各有八萬四千隨形好，一一好中又有八萬四千光明。一一光明，遍照十方世界與念佛的衆生。

常見的彌陀造像

最常見的阿彌陀佛造像，可分爲坐姿和立姿兩種。阿彌陀佛的坐像，爲雙腿交疊盤坐於七寶蓮台座上，身著袈裟，雙手結禪定印或彌陀定印。阿彌陀佛的立像，又稱接引像，右手下垂、掌心向前呈現與願印，表示衆生的往生之願與阿彌陀佛的接引之願能夠互通，佛可滿衆生心願。阿彌陀佛的左手平胸持金蓮花，表示以蓮花接引衆生到極樂世界，而衆生往生極樂世界能化生於蓮花中。另外，也有雙手捧金蓮台的阿彌陀佛接引像，或是左手下垂爲與願印、右手上揚爲無畏印

（張晴　攝）

的接引像。

阿彌陀佛造像，除單尊之外，還有常見的西方三聖、一佛二弟子與二菩薩、阿彌陀佛五十菩薩像等不同樣式。而在眾多的阿彌陀佛造像裡，有幾尊獨具特色，世界知名。一尊是日本京都永觀堂所珍藏的「回首阿彌陀佛」，有別於一般的阿彌陀佛像，佛像的臉部不是朝正前方，而是以優美的曲線扭肩朝左後方看，帶著慈悲歡喜的回望之姿。另有奈良的五劫思惟阿彌陀如來像，造形為表現阿彌陀佛過去生為法藏比丘時，歷經五劫時間思惟如何以四十八願建設淨土，雖是表現艱苦的思考，但因頭部特大、髮髻高聳，臉形為圓潤可愛的娃娃臉，讓人感覺特別親切。

Question

08

彌陀信仰的起源爲何？

關於彌陀信仰的起源，雖有不同說法，但是佛教學者多認爲源自西北印度的貴霜王朝犍陀羅地區。

彌陀經典與印度譯經高僧

彌陀信仰的重要淨土經典如《般舟三昧經》、《無量壽經》、《阿彌陀經》、《觀無量壽經》，不但都可能曾在犍陀羅地區流傳，而且許多在漢地翻譯彌陀經典的高僧也來自此處。如翻譯《無量壽經》的安世高、支讖、竺法護、佛陀跋陀羅、寶雲、曇摩蜜多等六位法師與支謙居士，皆與犍陀羅佛教有關。

考古文物的研究

佛教藝術學者李玉珉教授於〈從出土古藝術遺物探討犍陀羅的彌陀信仰〉指出，犍陀羅是貴霜王朝時，印度兩大佛教藝術中心之一，考古學家在此發現了不少淨土變相的雕刻，杭廷頓教授（John C. Huntington）也發表了關於犍陀羅的無量壽佛淨土像論文研究。因而透過考古文物，可以了解彌陀信仰的起源與文化發展。

此外，蓮池大師所編的《往生集》記載，犍陀羅地區的烏萇國王曾對侍臣說：「朕為國王，雖享福樂，不免無常。聞西方淨土，可以棲神，朕當發願，求生彼國。」由此可知，犍陀羅地區當時有淨土信仰。淨土宗的宣揚，始自印度的龍樹菩薩與世親菩薩的造論，雖然沒有直接證據可得知彌陀信仰的印度風貌，但可確信法脈源自印度，無庸置疑。

Question

09

彌陀信仰如何在中國發展成淨土宗？

現代中國佛教徒人人皆知，淨土宗簡稱淨宗，又稱蓮宗、念佛宗，爲中國佛教的一個宗派，因專修往生彌陀極樂淨土而得名。但是，由彌陀信仰發展爲淨土宗的過程，卻少有人知其來龍去脈。蓮宗一稱，是因慧遠大師創立蓮社而有；淨土宗一稱，則遲至近代方由日本傳入中國而有此名。

彌陀信仰大興

佛教的淨土信仰起源於印度，但在印度本土隨著佛教沒落而消失，反而在漢、魏之際傳入漢地後，於兩晉時期盛行於社會。當時傳入的淨土信仰，主要爲彌勒信仰和彌陀信仰，雖然重要的彌陀經典陸續被譯出，但是更受歡迎的還是彌勒信仰，直至曇鸞大師力推彌陀信仰與建立理論基礎後，風向才爲之一轉，彌勒

（李東陽　攝）

信仰式微，而彌陀信仰大興。

後人公推東晉慧遠大師為蓮宗初祖，但他的修持方式是將般若、禪法與淨土信仰結合爲一，宣導以觀想念佛爲主的念佛三昧，開風氣之先，未能中國化、普及化和建樹淨土宗理論。然而，慧遠大師確實是最早提倡阿彌陀淨土信仰者，讓彌陀信仰能在中土播種。

成為宗派的條件

由於曇鸞大師對淨土宗開創有功，很多人認爲他才是眞正的始祖，爲他沒有被列入蓮宗十三祖感到遺憾。他註解淨土宗經典，是第一個爲中國彌陀信仰提出思想理論者，他所倡導的持名念佛方法，也成爲淨土宗的主要修行方式，簡單易行而得以在民間普遍流傳。

淨土宗能否被視爲一個獨立宗派，歷來有很多爭議。很多念佛者其實都是兼修其他法門，或屬於其他佛教宗派，非專修淨土法門。雖然淨土宗有明確的信仰體系和獨特修行方法，並依《無量壽經》、《觀無量壽經》、《阿彌陀經》、《往生論》三經一論，而有自成一體的經典依據與判教思想，具有成立宗派的重要條件與特色。但是淨土宗沒有僧團組織和法嗣傳承制度，淨土宗祖師的系統，非根據師徒傳承原則而有，直至南宋宗曉法師初立蓮社六祖，才有淨土宗立祖之說。

然而，中國佛教的宗派觀念，是由後人往前追溯而成，初始於唐代，而大成於宋代。因此，不需爭論淨土宗歷史定論誰是誰非，重要的是，不論是稱爲淨土宗或蓮宗，彌陀信仰千載以來念佛聲不絕，助人由此生邁向來生，由此岸航向彼岸，依信、願、行圓滿成道。

Question

10

蓮宗十三祖是哪十三位大師？

淨土宗在中國佛教宗派裡，最富有民眾信仰基礎，但是沒有僧團組織，也沒有法嗣傳承制度，可以說在組織上沒有嚴格的師承世系。因此，在南宋以前，沒有人為淨土宗立祖，蓮宗十三祖是由後人所推舉形成，依祖師的修持成就與弘揚淨土宗貢獻而定。關於蓮宗十三祖立祖的詳細研究，可參見專研淨土法門的陳劍鍠教授〈蓮宗十三位祖師的確立過程及其釋疑〉，以及〈未了公案，且待來哲：有關曇鸞追尊蓮宗祖師位的問題〉。

既然祖師傳承是由後人所推舉，大家心目中的人選便有差異，但無論說法如何，每位祖師皆為我們樹立了修行楷模。

初祖廬山慧遠

生於東晉，因適逢亂世，於晉太元年間隱居廬山，追隨者衆多。造西方三聖相，專講念佛三昧，與劉遺民等居士結社念佛，共同發願往生西方，三十餘年未曾出山，奠定日後淨土宗修行典範。

二祖光明善導

生於唐代，號終南大師，完善淨土宗系統理論和實踐行儀，被視爲中國淨土宗實際創建者，尊爲彌陀化身。於光明寺傳淨土法門，行持精嚴。現存著作五部九卷：《觀經疏》四卷、《觀念法門》一卷、《法事讚》二卷、《往生禮讚》一卷、《般舟讚》一卷。

三祖般舟承遠

生於唐代，於南嶽衡山岩石下苦修，將所搭茅舍稱爲彌陀台，專修般舟念佛。村民受大師精神感化，爲其建彌陀寺，門下弟子多達千餘人。代宗皇帝曾來參禮，並賜名「般舟道場」。

四祖竹林法照

生於唐代，爲慕慧遠法師高風而入廬山，修念佛三昧。一日於禪定中蒙佛開示，便往南嶽師事承遠法師。於南嶽彌陀台廣發弘願念佛，後得阿彌陀佛親授五會念佛之法，從此五會念佛的方式廣爲流傳，世人稱他爲五會法師。

五祖烏龍少康

生於唐代，於洛陽白馬寺讀善導法師〈西方化導文〉，決心專修念佛。將新定城化緣所得的錢，讓孩童念阿彌陀佛一聲即贈一錢，因而城中人人信佛，念佛之聲不絕於耳。後於烏龍山建淨土道場，帶動念佛風氣。

六祖永明延壽

生於唐末，名延壽，字沖元，號抱一子。曾應吳越王錢俶之請，移往永明大道場教化大衆，世稱永明大師。撰有《萬善同歸集》，主張理事兼融，力倡禪淨雙修，成爲後世淨土宗主要走向。

七祖昭慶省常

生於宋代，住昭慶寺，因仰慕廬山白蓮社遺風，於西湖畔結白蓮社，後改名爲淨行社，再現廬山白蓮社盛況，世稱錢塘白蓮社主。省常大師首度將《華嚴經．淨行品》融入淨土宗的修行系統。

八祖雲棲祩宏

生於明代，名祩宏，別號蓮池，居雲棲寺。精修念佛三昧，力倡禪淨同歸，讓淨土宗成爲主流。制定水陸儀文和瑜伽焰口法，開放生池，撰〈戒殺放生文〉

護生戒殺。與紫柏、憨山、智旭並稱明代四大高僧。

九祖靈峰智旭

生於明代，字智旭，號蕅益，自號八不道人，晚年居靈峰寺。力求諸宗調和，將禪、教、律三學歸入淨土。著作豐富，有《彌陀要解》等四十餘部作品，並編選《淨土十要》，爲淨土思想重要闡釋者。

十祖普仁行策

生於清代，字截流，諱行策。於杭州一帶結社念佛，帶動修行風氣，後居虞山普仁院，興建蓮社，並著〈勸發眞信文〉提倡念佛三昧，中興淨土宗。

十一祖梵天省庵

生於清代，名實賢，字思齊，號省庵，晚年居梵天寺。結社共修，專修淨業，人皆稱永明再來。著有〈勸發菩提心文〉，廣爲世人所知。

十二祖資福徹悟

生於清代，名際醒，字徹悟，入紅螺山創資福寺。提倡禪淨雙修之道，恆常講演，勸人念佛，爲其所化者，一時遍於南北。

十三祖靈巖印光

生於清代，名聖量，字印光，別號常慚愧僧，民國初年以常慚人的筆名發表文章，因而廣爲人知。示寂於靈巖山寺，被譽爲民國以來淨土第一尊宿。著有《印光大師文鈔》，爲念佛者必讀之作。

Question

11

彌陀信仰如何在日本發展？

中國佛教的淨土宗傳入日本後，形成許多獨特的佛教宗派，如日本淨土宗、時宗、融通念佛宗、淨土眞宗等，希望透過信仰彌陀而解脫人生苦海。彌陀信仰傳入日本的時間，爲飛鳥時代的推古女皇在位期，西元六〇七年，入隋求法三十餘年的僧人惠隱，從中國攜回大量淨土經典，在宮中多次開講《無量壽經》，讓彌陀信仰在皇室和貴族間播種萌芽。

亂世的彌陀信仰寄託

平安時代，由於天災頻繁、瘟疫流行、政治專制、社會失序，民衆生活水深火熱，因而願意接受末法信仰，而貴族階層也期盼往生極樂世界。因此，日本淨土思想發生轉型，由禳災延福的祈求，轉向厭離穢土、追求淨土的念佛法門。

當時以藤原氏爲代表的貴族階層流行觀想念佛，藤原賴通建平等院，於阿彌陀堂供奉阿彌陀如來。平民社會，則流行持名念佛爲主的信仰，僧人在市井鼓吹稱名念佛，代表者爲空也法師，世稱「市聖」、「阿彌陀聖」。空也法師之後，天台宗系的良忍法師創「融通念佛宗」，爲淨土信仰開創新局。

淨土宗派人才輩出

彌陀信仰原本寄居於佛教其他宗派流傳，未能自成一宗，到了鎌倉時代，由於法然上人的出現，淨土宗終能獨立。法然上人門下弟子人才輩出，如辨長上人的鎮西派、證空上人的西山派、隆寬律師的長樂寺流、長西上人的九品寺流、幸西上人的倡導一念義、親鸞上人的淨土眞宗，而後西山派的一遍上人又創時宗。法然上人的淨土宗系，迄今仍爲日本佛教最大宗派，影響深遠。

（張晴　攝）

Question

12

彌陀信仰如何在韓國發展？

彌陀信仰自傳入朝鮮半島後，於西元七世紀新羅善德女王時代，以佛教爲國教力推佛法，漸漸流行開來。

普及社會各階層的彌陀信仰

韓國佛教發展期間，彌陀淨土信仰逐漸深入社會，從廟宇殿堂走向民間，從貴族走向平民，成爲不分階級，人人皆可依願往生西方的普及信仰。

新羅統一時期是淨土宗的黃金時代，淨土信仰十分盛行。雖然在高麗時期，獨立的淨土宗消失了，但其核心思想被天台宗、禪宗以及華嚴宗所吸收，仍在高麗社會持續流行，許多寺院都供養阿彌陀佛。佛國寺的金銅阿彌陀如來坐像，以及甘山寺的石造阿彌陀佛立像，皆爲重要的韓國國寶。

萬日念佛結社

韓國的彌陀信仰特色，最具代表性的形式是日數念佛。中國和日本都重視計數念佛，韓國則是指定念佛的日數，爲韓國淨土信仰獨有的修行形式。現代的韓國寺院，日數念佛是每年的例行法事之一，舉行數次念佛祈禱。其中，日數短的爲三日、五日、七日、二十一日、一百日，長的有一千日或萬日的念佛祈禱。

日數念佛最典型代表者，爲萬日念佛結社。韓國的信仰結社，最初是由國家組織的念佛結社；後來因彌陀淨土信仰在民間的普及，從新羅景德王時代，開始出現民間信徒所組織的萬日念佛結社。萬日之數約有二十七年，萬日念佛可說是代表著願一生精進念佛。

（邱惠敏　攝）

萬日念佛結社除讓新羅時代的貴族化佛教，轉變爲平民化的大衆佛教，並有完整的修行組織和後援組織，讓寺院與修行者無後顧之憂，能專一向道。而在國家發生危機時，萬日念佛結社也展開護國佛教運動，不只求生極樂淨土，在現世也展現守護國族的力量。萬日念佛結社從西元八世紀發展迄今，仍是韓國民衆的現世淨土所在。

Question

13

彌陀信仰如何在西藏發展？

彌陀信仰在西藏，深入人心。〈極樂願文〉在雪域藏地，家喻戶曉，廣爲人們背誦普傳，各地舉行的極樂法會，引領人們得以往生極樂世界。

無量光佛與無量壽佛

彌陀信仰自傳入藏地，在元代以後達到鼎盛，阿彌陀佛像的數量和流布範圍，僅次於觀音菩薩像。藏區阿彌陀佛造像獨特之處，在於一佛而具兩種身形，各自獨立存在。一種是無量光佛，爲持缽的如來相；另一種是無量壽佛，爲持寶瓶的菩薩相。流行於貴族階層的五方佛唐卡供養，是無量光佛；盛傳於民間祈福的供養造像，則是無量壽佛。

此外，藏傳佛教認爲阿彌陀佛是毘盧遮那佛化現的五方佛之一，代表平和安適，能轉化貪欲煩惱。唐卡五方佛中的阿彌陀佛佛身爲紅色，端坐在蓮花與滿月輪上，寶座由八隻孔雀齊抬，孔雀象徵能被轉化的貪欲。

藏傳佛教獨特修法

藏傳佛教修持彌陀法門，除了念誦名號外，還有不同於漢傳佛教的獨特修法，如無上部即身成佛的密法，以及以阿彌陀佛爲本尊的遷識法（即頗瓦法），能將人的神識從輪迴中遷移到西方極樂淨土。依靠長壽佛助人延年益壽的修法，是藏地獨有的修持方式。很多藏傳佛教大師都著作與彌陀相關的祈願文，以及具體修持的儀軌程序，比如格魯派宗喀巴大師的《極樂淨土發願文》即爲其中的代表作。除藏傳佛教始祖蓮花生大士，被尊爲阿彌陀佛化身，在西藏著名的轉世活佛裡，班禪大師也被視爲彌陀化身，與觀音菩薩化現的達賴喇嘛，相得益彰。藏傳佛教徒都以能在班禪大師處獲得長壽佛灌頂爲榮。

（李蓉生　攝）

2

阿彌陀佛的西方淨土

Question

14

阿彌陀佛的淨土何以稱爲西方極樂世界？

釋尊於《阿彌陀經》親自解說西方淨土名爲極樂世界的原因：「彼土何故名爲極樂？其國衆生無有衆苦，但受諸樂，故名極樂。」苦與樂是相對的，我們所在的娑婆世界是衆苦聚集之地，而極樂世界只有快樂，沒有痛苦。

人間娑婆世界的八苦

人生在世要承受八種苦惱，八苦包括：

1. 生苦：出生世間的痛苦。

2. 老苦：衰老無常的痛苦。

3. 病苦：身體是地、水、火、風四大假合之身，要受四大不調的生病痛苦。

4. 死苦：死亡四大分離的痛苦。

5.愛別離苦：與所愛至親生離死別的分別痛苦。
6.怨憎會苦：無法遠離憎惡怨恨的人，而感瞋恨痛苦。
7.求不得苦：欲求不得的痛苦。
8.五陰熾盛苦：五陰即五蘊，蘊是積聚的意思。五蘊包括色蘊、受蘊、想蘊、行蘊、識蘊，此苦為前七苦的總集，活在世間要受身心煩惱如火熾然的痛苦。

西方極樂世界的八樂

相對於娑婆世界的八苦，極樂世界則有八樂：
1.蓮花化身樂：無十月胎獄的生苦。
2.相好莊嚴樂：無形骸衰朽的老苦。
3.自在清泰樂：無四大不調的病苦。
4.壽命無量樂：無死亡四大分離的痛苦。

（釋常貴　攝）

5.所欲如意樂：無所求不得的憂苦。
6.海衆常聚樂：無恩愛離別的痛苦。
7.上善聚會樂：無怨憎相遇的怨苦。
8.身心寂靜樂：無五蘊熾盛的惱苦。

由西方極樂世界的八樂，對比人間娑婆世界的八苦，自能清楚明白爲何往生西方淨土，確實爲離苦得樂之道。

Question

15

西方淨土有何特色？

西方淨土極樂世界，又稱極樂國、安養國、安樂國、安樂淨土、安樂世界，由這些名稱可知西方淨土是個幸福無比的世界。

根據《阿彌陀經》、《無量壽經》所敘述，西方淨土的特色如下：

1. 不須日月，一切萬物皆放光明，爲光明世界。
2. 氣候溫和，涼爽舒適，沒有四季、寒暑、陰雨變化。
3. 地勢平坦，廣大無邊，可廣納往生的所有衆生。
4. 黃金爲地，寬廣平正，光明透亮。宮殿樓閣富麗堂皇，更勝天宮。
5. 七寶池充滿八功德水，池中有無量無數微妙香潔的蓮花，大如車輪。七寶爲金、銀、琉璃、玻璃、硨磲、赤珠、瑪瑙等珍寶。八功德水具有澄淨、清冷、甘美、輕軟、潤澤、安和、除患、增益等八種功德。

6.七寶行樹，色彩繽紛，隨風奏樂，讓人皆生念佛、念法、念僧的心。寶樹上有七寶羅網，能在行樹之間，見到十方佛國。

7.天樂時常鳴空，晝夜不停飄落天花，處處散發芬芳。

8.百千種奇妙雜色之鳥，爲阿彌陀佛欲使法音宣流所變化而成。

9.沒有畜生、餓鬼、地獄三惡道，諸上善人聚會共修，世界平等和樂，沒有政治、種族衝突，一切人、事、物盡善盡美。

10.往生極樂世界者，皆於七寶池蓮花中自然化生，壽命無量，形貌端嚴。

11.往生極樂世界者，福德無量，衣食自然現前，自在無礙。

12.往生極樂世界者，於成佛之道永不退轉，定得佛果。

印順長老在《淨土與禪》一書，認爲佛陀所描述的極樂世界，是爲了適應當時印度的人文環境，依據經典內容歸納出三種特色：

1.**自然界的豐美**：土地平坦，常在光明之中，生活所需，取之不盡，不像娑

（王傳宏　攝）

婆世界有天災、有匱乏。

2.人事界的勝樂：眾生之間平等和樂，都是諸上善人，沒有鬥爭與瞋恨。

3.身心的清淨：生極樂世界的都是蓮花化生，離一切煩惱，沒有老病死苦。

「無有眾苦，但受諸樂」的極樂世界，與五濁惡世的娑婆世界是相對的，但並不是逃避五濁惡世的快樂世界，能夠去到極樂世界的人，都是具有善根、福德、因緣，發菩提心、行菩薩行的人，去到那裡仍然要與諸上善人繼續修行，等待乘願再來娑婆世界度化眾生的一天。

Question

16 極樂世界為何位在西方，和東方淨土有何不同？

極樂世界位在西方，於淨土經典有明確說明，如《阿彌陀經》說：「從是西方過十萬億佛土，有世界名曰極樂，其土有佛號阿彌陀，今現在說法。」《無量壽經》也說：「法藏菩薩，今已成佛，現在西方，去此十萬億剎，其佛世界，名曰安樂。」

東方與西方的不同象徵

極樂世界為何位在西方，而非東方、南方、北方呢？一般來說，西方不但代表死亡，而且具有濃厚的來生性質。道綽大師於《安樂集》對此的解釋為：「日出處名生，沒處名死，藉於死地，神明趣入，其相助便，是故法藏菩薩願成佛在西，悲接眾生。」

中國人認為東方象徵生長，代表生機，藥師佛的東方淨土成為現世安樂的消災延壽；西方則是象徵死亡，代表來生，阿彌陀佛的西方淨土成為死後往生的美好世界。因此，西方被視為象徵死亡的方位，西方極樂世界則成為死後的所生之處。佛教稱死亡為「往生」，表示死後是有未來的，並非一無所有，所以往生西方淨土，能帶來無限光明的來生。

阿彌陀佛無所不在

淨土法門強調彌陀淨土位於西方，是因為淨土宗以念佛求生西方為宗旨，需要以清楚的時空座標，讓人相信極樂世界眞實存在，並方便專注於此安心修行，觀想清淨莊嚴的佛國世界。至於極樂世界是否確實位於西方呢？阿彌陀佛的法身遍一切處，早已超越有限的時間與空間，西方極樂世界為阿彌陀佛的大願所成，最重要的還是能否一心念佛，與佛相應。

Question

17

極樂世界和天國有何不同?

一般人常誤以爲極樂世界和天國相差不多,往生淨土和上升天堂都是一樣的。其實極樂世界和天國是截然不同的,雖然兩者都是快樂美好的世界,但是佛教認爲天國屬於天道,仍未脫離六道生死輪迴,而極樂世界超越三界,不爲生死所困。因此,佛教徒選擇發願往生淨土,而不上升天堂。

生死無常的三界六道

佛教將眾生所居住的三種世界稱爲:欲界、色界、無色界,欲界眾生包括地獄、餓鬼、畜生、人、阿修羅、天等六道眾生,充滿各種欲望煩惱;色界在欲界之上,住於四禪天,雖有形體、宮殿等物質環境,但已無貪欲愛染;無色界在色界之上,住於四空天,無形、無色、無身體,沒有物質環境。無論住於三界哪一界，壽命都有限，離不開生死。

曾有人問曇鸞大師，極樂世界屬於三界的哪一界？大師答說：「如斯淨土，非三界所攝。何以故？無欲故，非欲界；地居故，非色界；有形故，非無色界。」西方淨土極樂世界不在三界範圍內，因爲清淨無染，所以不是欲界；因爲居於佛國淨土，所以不是色界；因爲有形體可見，所以不是無色界。

在極樂世界隨佛進修

念佛求生淨土，並不是因爲淨土衣食豐足，無憂無慮，所以希望能在極樂世界享福，而是期盼仗佛的慈悲願力到淨土進修，不再生死輪迴，永不退失道心。

就佛教的觀點來看，無論天界的生活再美好，天神的壽命皆有限，無法保持永遠快樂，終將面臨天人五衰的困境：頭上花冠的花朵凋萎，厭倦天界的生活，無縫的天衣產生汙垢，芳香的身體變臭，兩腋開始流汗，而擔憂死亡來臨。

如果求生極樂世界，則不用擔心死後何去何從，能透過發願來安定身心，知道自己往生後，仍然可以隨佛繼續修行。

很多人將升天當成生命的圓滿句號，但對佛教徒來說，往生極樂世界不是生命的終點，而是乘願再回娑婆世界度眾生的起點。

（李蓉生　攝）

Question

18

彌陀三尊是誰？

彌陀三尊又稱西方三聖、阿彌陀佛三尊，指阿彌陀佛和觀世音、大勢至兩位脇侍菩薩。如《觀無量壽經》說：「無量壽佛住立空中，觀世音、大勢至，是二大士侍立左右。光明熾盛不可具見，百千閻浮檀金色不可為比。」

阿彌陀佛為主尊，觀世音菩薩通常為左脇侍菩薩，代表慈悲，下化眾生，雙手捧蓮台或手持蓮花，寶冠中有阿彌陀佛的化佛。當阿彌陀佛涅槃後，觀世音菩薩會繼任西方極樂世界的佛位。大勢至菩薩通常為右脇侍菩薩，代表智慧，上求菩提，雙手合掌或手持蓮花，寶冠中有寶瓶。彌陀三尊為極樂世界的接引者，所以他們的造像常為立姿，站於蓮台上，一同接引臨命終者前往西方淨土。

Question

19

阿彌陀佛如何依四十八大願成佛？

在久遠以前的世自在王佛時，有一位國王聞佛說法非常歡喜感動而出家爲僧，法號爲法藏。法藏比丘想要成就最莊嚴的佛土，於是世自在王佛爲他廣說二百一十億個佛國世界，不但詳述各種國土的淨穢、天人善惡情況，並一一顯現給他看。

集合二百一十億個佛國的莊嚴美好

法藏比丘仔細觀察研究諸佛國土的特點，用心規畫想要創造的淨土，歷經了長達五劫的漫長時光思索，集合二百一十億個佛國的莊嚴美好，才終於在佛前發願以四十八個大願實現他的佛國淨土。法藏比丘依願廣度衆生，終於成就出無與倫比的極樂世界，不只他成爲光壽無量的無量光佛、無量壽佛，凡往生他的佛國

（李東陽　攝）

世界者，也將如願光壽無量。

四十八大願

四十八大願包括：

1.無三惡趣願、2.不更惡趣願、3.悉皆金色願、4.無好醜願、
5.宿命智通願、6.天眼智通願、7.天耳智通願、8.他心智通願、
9.神境智通願、10.無有我想願、11.住正定聚願、12.光明無量願、
13.壽命無量願、14.聲聞無數願、15.人天長壽願、16.無諸不善願、
17.諸佛稱揚願、18.念佛往生願、19.來迎接引願、20.聞名係念定生願、
21.三十二相願、22.必至補處願、23.供養諸佛願、24.供具如意願、
25.說一切智願、26.那羅延身願、27.令物嚴淨願、28.見道場樹願、
29.得辯才智願、30.辯智無窮願、31.國土清淨願、32.國土嚴飾願、
33.觸光柔軟願、34.聞名得忍願、35.不復女像願、36.常修梵行願、

37.人天致敬願、38.衣服隨念願、39.樂如漏盡願、40.樹中普見佛土願、
41.諸根具足願、42.住定供佛願、43.生尊貴家願、44.具足德本願、
45.住定見佛願、46.隨意聞法願、47.聞名不退願、48.得三法忍願。

阿彌陀佛的四十八大願，願願都爲成就衆生、成就國土。我們應學習彌陀發願，以願力爲生命動力，讓自己也能爲守護世界平安奉獻能力。

Question

20

爲何西方淨土都是蓮花化生，非父母所生？

〈迴向偈〉說：「願生西方淨土中，九品蓮花爲父母；花開見佛悟無生，不退菩薩爲伴侶。」意思爲希望往生西方極樂世界，以九品蓮花爲父母，在蓮花開時可以聞佛說法，並證悟無生法忍，得八地菩薩果位，從此能永不退轉，而與佛菩薩爲伴。

不經父母投胎出生

往生西方淨土，不必經過六道輪迴投胎轉世，不需要父母爲因緣，直接化生於極樂世界的蓮花中。能夠蓮花化生，是由於自己的往生願心、善根福德，以及阿彌陀佛的願力所成。

人類的身體來自父精母血所生的肉身，沒有父母爲因緣，便無法得到人身，而得到人身後，將經歷人世間的生老病死苦。而在西方淨土，所得到的身形是蓮花化生，壽命無量，沒有種種隨出生而來的老病死苦。

七寶池中的蓮花

眾生的心和阿彌陀佛的心是相同的，如果能用深信切願和念佛因緣來感通，自能得到阿彌陀佛慈悲願力的攝受。因此，當念佛者發心求生西方時，極樂世界的七寶池內，就會長出一朵蓮花，如果能保持念佛精進不退，蓮花會漸漸地愈長愈大，如果反悔不信佛、不念佛，則蓮花會枯萎凋謝。而當念佛者臨終時，阿彌陀佛與諸聖眾便會手持蓮花，前來接引往生西方極樂世界。

依信發願，依願而行，由行顯願，具足信、願、行三種資糧，定能一路念佛至極樂。

（李蓉生　攝）

Question 21

什麼是蓮邦、蓮友？

蓮邦是西方淨土的別稱，因為極樂世界的眾生都化生於蓮花，而得此名，也稱蓮剎。

蓮友則是專修淨土法門者彼此之間的稱謂，因為修行淨土法門，願意一起發願念佛往生西方淨土，得到阿彌陀佛的接引，化生於極樂世界的蓮花。

元代中峰明本禪師編著的《中峰國師三時繫念佛事》說：「九品蓮邦，同願往西方。」念佛者發願同生蓮邦，即是蓮友。往生西方者皆是蓮花化生，和諸上善人蓮池海會，俱會一處。

（周淑瑛　攝）

Question
22

為何往生品位分為三輩九品？

往生西方極樂世界的眾生，會依著生前發心、用功深淺，加上宿世善根福德因緣不同，造成淨土的蓮花化生品位有所差別，蓮位可分為「三輩九品」，共為九等。

三輩說法，出自《無量壽經》，分為上、中、下三輩；九品說法，出自《觀無量壽經》，分為上、中、下品，每一品再分為上、中、下三生。淨土行者多綜合二說，認為三輩九品為：上三品為上輩、中三品為中輩、下三品為下輩。通常多強調九品蓮位的差別，而省略三輩說法。

三輩往生

三輩往生的共同條件爲，發菩提心，一向專念阿彌陀佛，並願求往生西方淨土。臨終時依念佛工夫深淺，斷除煩惱程度，影響臨終見佛的勝劣。上輩、中輩生者，能見阿彌陀佛與諸聖衆現前接引；下輩生者，則如夢中見佛。但無論屬於哪一輩，臨終皆得阿彌陀佛願力往生極樂世界，蓮花化生，繼續修學佛法。

往生淨土後，三輩功德受用之所以有別，皆因生前念佛功德和煩惱伏斷程度，而有所差異：上輩生者，花開見佛，聞法得無生法忍；中輩、下輩往生者，花開見佛的時間和聞法悟道的深淺，則不及上輩往生。

九品往生

九品往生因往生者所造善惡業不同，而有九品之別。九品往生的共同條件爲，發三心：至誠心、深心、迴向發願心，爲念佛修持成就的保證；修三福善：

（王傳宏　攝）

世福、戒福、行福，是增上品位的基礎。

九品的前五品，皆爲勤修功德並迴向發願生淨土者，而後四品的中品下生爲未修出世法者，下品三生則爲未修善法、多造惡業者，幸得阿彌陀佛的深廣願力，讓九品眾生皆能往生淨土。

Question

23

信、願、行爲何是往生西方淨土的必備條件？

信、願、行不但是修持彌陀法門的要領，也是往生西方淨土的必備條件，稱爲淨土資糧，缺一不可。

信心

修學任何佛教法門，最重要的就是信心，因爲有信心才有願心，才會依願修行。佛教所說的信，除了要相信佛、法、僧三寶，還要相信自己可以學佛成佛。而學習彌陀法門，自然要相信阿彌陀佛，相信自己適合修行念佛，可以往生淨土。

清代徹悟大師於《徹悟禪師語錄》，條列淨土法門所應具備的十種信心：一信生必有死、二信人命無常、三信輪迴路險、四信苦趣時長、五信佛語不虛、六信實有淨土、七信願生即生、八信生即不退、九信一生成佛、十信法本唯心。

願心

阿彌陀佛非常慈悲，只要發願求生淨土，就能得佛接引。但是人們往往貪戀人間享受，忘失西方淨土，修行路上進進退退，所以歷代淨土宗祖師常提醒人，厭離娑婆，欣求極樂。要時時提起願心，莫因流連人生的短暫風景，而迷失往生極樂的道路。

精進念佛行

信、願、行的行字，是指方法，包括正行和助行，正行是念佛，助行則是修一切善法。精進念佛時，使用持名的方法，而在日常生活裡，我們除了念佛，還要廣修各種慈悲福德的善業。

（李蓉生　攝）

3

學習阿彌陀佛有方法

Question 24

彌陀法門有何特色？

阿彌陀佛的淨土法門是近代中國佛教的主流，易學易用，可深可淺，所以能夠廣爲流傳。彌陀法門可說是最容易入門的學佛方法，具有以下幾個特色：

一、三根普被，利鈍全收

印光大師說：「淨土法門，三根普被，利鈍全收；乃如來普一切上聖下凡，令其於此生中，即了生死之大法也。」佛陀爲適應不同根基的眾生，廣說八萬四千法門，在如此眾多的法門裡，能同時度化上、中、下三種根機，不論資質利鈍，正是阿彌陀佛的淨土法門。

二、方法簡易，難信易修

彌陀法門非常簡單，只要會念「阿彌陀佛」便能修行，三歲小兒到八十老翁，沒有學不會的。無論行、住、坐、臥，隨時隨地都可念佛，可說是最簡單方便的修行方法。修持彌陀法門最大的困難只有一個，便是能否眞正相信阿彌陀佛。念佛方法太過至簡至便，人們反而懷疑念佛即得往生的眞實性。如果保持半信半疑的態度念佛，修行將無法得力，一定要相信阿彌陀佛與極樂世界，並發願往生。

三、橫超三界，帶業往生

龍樹菩薩於《十住毘婆沙論》，將修行法門分爲「難行道」與「易行道」兩種，認爲佛法有無量門，如世間行路有難有易，徒步則難，乘船則易。欲行易道，當念阿彌陀佛。淨土宗祖師因此認爲自力修行的法門，只有仰憑佛力往生淨土的淨土法門是易行道。修行原本需要經歷三大阿僧祇劫漸次修行，念佛則可橫超三界，直接蒙佛接引，帶業往生淨土，出離三界生死，得不退轉。

四、臨終接引，往生淨土

臨終接引是彌陀的本願，相較於其他的佛國淨土，極樂世界更易往生，不論何人只要至心稱念阿彌陀佛名號，一念乃至十念即可往生。而且只要能往生極樂世界，將不必擔心會再墮入惡道，能在極樂世界與佛菩薩、諸上善人一起共修，圓滿佛道。

（法鼓文化資料照片）

Question

25

如何修持彌陀法門持名念佛方法？

「阿彌陀佛」是人們最熟悉的佛號，也是持名念佛的主要聖號。持名念佛是修行彌陀法門的基本工，是人人都能學習的簡單修行方法。

四字或六字皆可

持名念佛時可持四字「阿彌陀佛」或六字「南無阿彌陀佛」，默念或出聲念皆可。可以手持念珠計數，也可用念佛機來輔助。

歷代祖師大德提供了許多念佛方法，如唐代飛錫大師提倡「高聲念佛」，洪亮的念佛聲，可達到定心、除憂、消禍、舉重、降魔等功能。宋代慈雲懺主遵式法師的「十念法」，每日晨起合掌面西而立，盡一次呼吸連聲稱念佛號爲一念，如此十次呼吸，名爲十念。

十念記數念佛

近代的印光大師則提出「十念記數念佛」，廣爲念佛者使用。十念記數「不可掐珠，唯憑心記」。十念記數是當念佛時，從稱念第一句「南無阿彌陀佛」至第十句「南無阿彌陀佛」，每稱念一句，念得分明，記得分明，至第十句稱念完畢時，再從第一句稱念的佛號記數，數至第十，周而復始，反覆稱念佛號，反覆記數至十。

假使十句直記困難，可分爲兩氣，從一至五，從六至十；若仍覺得費力，則分作三氣，從一至三，從四至六，從七至十。如此稱念佛號，念得清楚，記得清楚，聽得清楚，妄念無從生起，自然能一心不亂。

（王育發　攝）

念佛工夫最重要的是持之以恆，如能當成每日定課最佳，於固定時間念佛，或訂下目標，敦促自己用功。除了每日定課，日常行、住、坐、臥，也要隨時隨地提起方法用功，讓自己身處於佛號中，時時念佛，念念平安，自然日日好日。

Question

26

如何修持〈往生咒〉？

淨土法門中常見的咒語即〈往生咒〉，被視爲阿彌陀佛的根本咒。

拔一切業障根本得生淨土

一般人常因咒名而生誤解，以爲只有爲往生者助念時，才持此咒。其實〈往生咒〉全名爲〈拔一切業障根本得生淨土陀羅尼〉，具有拔一切業障根本和得生淨土兩種功德，所以持咒兼有現世與來世利益。

〈往生咒〉咒文爲：

南無阿彌多婆夜。哆他伽多夜。哆地夜他。阿彌利都婆毗。阿彌利哆。悉耽婆毗。阿彌唎哆。毗迦蘭帝。阿彌唎哆。毗迦蘭多。伽彌膩。伽伽那。

枳多迦利。娑婆訶。

咒語專家林光明於《認識咒語》一書，認為〈往生咒〉的咒語意思為：歸命無量光（阿彌陀）如來！即說咒曰：甘露所生者啊！甘露成就所生者啊！具甘露神力者啊！甘露神力者！前進啊！願名滿天下！刷哈！

持咒功德

持誦〈往生咒〉的功德有四：

1. 阿彌陀佛常住持咒者之頂，日夜擁護。
2. 無令怨家而得其便。
3. 現世常得安穩。
4. 臨命終時任運往生。

另在《阿彌陀經不思議神力傳》，述說此咒功德爲：

1. 滅現世所造罪業。
2. 現世所求皆得。
3. 不爲惡鬼神所亂。
4. 面見阿彌陀佛。

無論從〈往生咒〉的全名或持誦功德，皆可得知此咒主爲助人拔除一切障礙、可以得生淨土的咒語，不是只用在往生者的身上，現世每個人皆可透過持此咒來消除學佛障礙，日後更可面見阿彌陀佛。

（王育發　攝）

Question 27

什麼是淨土三經一論？

中國彌陀法門的主要經典依據爲「三經一論」：《無量壽經》、《觀無量壽經》、《阿彌陀經》與《往生論》。

三部佛經以《無量壽經》爲根本經典，講述阿彌陀佛的因地修行與極樂世界的建立。《阿彌陀經》爲《無量壽經》的略說，介紹極樂世界的種種莊嚴，以及阿彌陀佛佛號由來和意義。《觀無量壽經》說明淨土法門的緣起與往生淨土的修行方法。一論爲印度世親菩薩依《無量壽經》而寫的《往生論》，介紹以五念門修行，能得生彌陀國土。

三經一論的漢譯版本簡介如下：

一、**《無量壽經》**

《無量壽經》別名《大阿彌陀經》，漢譯本有五種：

1.《阿彌陀三耶三佛薩樓佛檀過度人道經》爲三國支謙居士所譯。

2.《無量清淨平等覺經》爲後漢支婁迦讖法師所譯。

3.《無量壽經》爲曹魏康僧鎧法師所譯。

4.《大寶積經．無量壽如來會》爲唐代菩提留志法師所譯。

5.《大乘無量壽莊嚴經》爲宋代法賢法師所譯。

二、**《觀無量壽經》**

《觀無量壽經》別名《十六觀經》，漢譯本只有《觀無量壽經》一種譯本，爲劉宋畺良耶舍法師所譯。

三、**《阿彌陀經》**

佛說阿彌陀經
姚秦三藏法師鳩摩羅什譯
如是我聞。一時佛在舍衛國。祇樹給孤
獨園。與大比丘僧千二百五十人俱。皆
是大阿羅漢。衆所知識。長老舍利弗。摩
訶目犍連。摩訶迦葉。摩訶迦旃延。摩訶
俱絺羅。離婆多。周利槃陀伽。難陀。阿難
陀。羅睺羅。憍梵波提。賓頭盧頗羅墮。迦
留陀夷。摩訶劫賓那。薄拘羅。阿㝹樓馱。
如是等諸大弟子。并諸菩薩摩訶薩。文
殊師利法王子。阿逸多菩薩。乾陀訶提
菩薩。常精進菩薩。與如是等諸大菩薩。
及釋提桓因等。無量諸天大衆俱。爾時
佛告長老舍利弗。從是西方。過十萬億
佛土。有世界名曰極樂。其土有佛。號阿
彌陀。今現在說法。舍利弗。彼土何故名
爲極樂。其國衆生。無有衆苦。但受諸樂。
故名極樂。又舍利弗。極樂國土。七重欄
楯。七重羅網。七重行樹。皆是四寶。周帀
圍繞。是故彼國名爲極樂。又舍利弗。極

（李東陽　攝）

《阿彌陀經》別名《小阿彌陀經》，漢譯本有兩種：

1.《阿彌陀經》爲東晉鳩摩羅什法師所譯。

2.《稱讚淨土佛攝受經》爲唐代玄奘法師所譯。

四、《往生論》

《往生論》全名爲《無量壽經優婆提舍願生偈》，又稱《淨土論》、《往生淨土論》，漢譯本有《無量壽經優婆提舍願生偈》，印度世親菩薩所著，北魏菩提流支法師所譯。《往生論》的內容爲解說《無量壽經》，以二十四首偈頌描述淨土的清淨莊嚴，並介紹禮拜、讚歎、作願、觀察、迴向等五念門，勸行者往生西方淨土。爲現存唯一一部印度論師針對彌陀法門撰寫的系統性論述著作。

目前最流行的「淨土三經」譯本是：

1.康僧鎧法師所譯的《無量壽經》。

2.畺良耶舍法師所譯的《觀無量壽經》。

3.鳩摩羅什法師所譯的《阿彌陀經》。

除了三經一論，清代魏源居士將《華嚴經．普賢行願品》附於三經之後，稱為「淨土四經」。至民國初年，印光大師又將《楞嚴經．大勢至菩薩念佛圓通章》附於四經之後，成為「淨土五經」，此五經與《往生論》合稱為「五經一論」。

Question 28

《阿彌陀經》所說為何是難信之法？

佛陀在《阿彌陀經》中一連說了數次「難信」之法，而且在五濁惡世中宣說此經，是難上加難。

《阿彌陀經》所說為何是難信之法呢？窺基大師在《阿彌陀經疏》道出，這是因為《阿彌陀經》說一日乃至七日念佛，即可往生淨土，方法太過簡易，讓一般人不相信只憑念佛的「小」功德，可以得到如此「大」的福報。人們因此認為念佛法門僅是佛陀為了接引眾生所說的方便法，所以不相信念佛可以超拔塵俗，往生淨土。

不可思議而難以置信

蕅益大師在《阿彌陀經要解》裡，也說《阿彌陀經》是非常不可思議的經典，阿彌陀佛爲世人開出一個方便門，即稱名念佛求生西方淨土的法門。因爲阿彌陀佛在無量劫前，發了四十八大願，所以只要有人生起信心、發願往生，就能仗阿彌陀佛的本誓願力往生，從此不會再受業力的牽制，而到三界出入生死，以佛力解脫三界生死，這是易行道。又持一佛名，即爲諸佛護念，不異持一切佛名，世人覺得太不可思議，而難以置信。

《阿彌陀經》容易懂又容易修，但對傲慢的衆生來說，尤其是自認爲有修行的人，特別難以相信，認爲這可能違背因果，自己沒有修行，怎麼可能只仗佛的願力到西方極樂世界？不過，淨土法門是先解脫，然後再度衆生、受報，雖會受報，但受報時已經得解脫，不會感到痛苦。《阿彌陀經》告訴我們，這是信、願、行的積極力量，不是消極的、自私的，而是發起大悲願，將來成就以後，倒駕慈

（張晴　攝）

航回到娑婆，廣度衆生。如此信願具足，再加上多積福德，念佛一心不亂，就必然可以往生極樂世界。

相對其他法門的「難行易信」，淨土法門的「易行」是這樣「難信」而不被接受，但佛陀還是在五濁惡世中不厭其煩宣說，這不僅在在凸顯佛陀的悲心，也是受到諸佛菩薩讚歎的原因。

淨土法門尤重信

佛教修行的任何一種法門，都先要有「信心」。佛法所說的「信」，是要相信佛、法、僧三寶，而且還要相信自己，相信自己是未成的佛，淨土法門尤重「信」，要相信《阿彌陀經》所說的法最好，所用的方法最好，相信經中所說的極樂世界，相信阿彌陀佛的本誓願力，不要懷疑《阿彌陀經》是難信之法。

Question

29

《無量壽經》的內容說什麼？

《無量壽經》被尊爲「淨土第一經」，敘述阿彌陀佛如何以四十八大願建立西方極樂世界，並介紹極樂淨土的莊嚴與往生方法。

《無量壽經》全稱《佛說無量壽經》，由於本經有二卷，內容比只有一卷的《阿彌陀經》分量多，所以《無量壽經》又稱《大無量壽經》、《大經》或《雙卷經》，《阿彌陀經》則稱爲《小經》。《無量壽經》以康僧鎧法師所譯版本流通最廣。

法藏比丘發四十八大願

此經緣起於佛陀在王舍城耆闍崛山時，阿難尊者見佛現大光明，千變萬化，從未見過如此光景，於是向佛請教因由，佛陀因而說於過去世自在王佛時，有一國王聞佛說法而出家，法號爲法藏。世自在王佛爲法藏比丘廣說二百一十億諸佛剎土天人的善惡，國土的粗妙，並應他的心願做示現。經過長達五劫的思惟，法藏比丘攝取諸佛國土的清淨莊嚴特質，並在佛前發四十八個莊嚴佛土、普利衆生的大願，他依願成就佛土，成爲無量壽佛，即是阿彌陀佛。

阿彌陀佛光明無量、壽命無量，他所成就的極樂世界，無論宮殿、寶樹、寶池，皆以七寶嚴飾，天籟妙音皆爲法音宣流。國中有無量無數的聖衆，皆壽命無量，不憂衣食，無論是衣服、飲食、花香、瓔珞、宮殿樓閣，皆可隨意所欲，應念即至。

往生極樂世界的條件

往生極樂世界的衆生，可分爲上輩、中輩、下輩三類。往生極樂世界有四個基本條件：一是發心出家爲沙門，二是發無上菩提心，三是修一切功德，四是專念阿彌陀佛。上輩往生者必須具足四個條件；中輩往生者可不出家，但要具足其他條件；下輩往生者則至少要能發心和專念阿彌陀佛求生淨土。

佛陀於經末並說，五濁惡世的娑婆衆生是十方世界最値得憐憫關懷的，飽受種種劇苦，包括生、老、病、死、患難窮苦等五痛，以及淫欲火、瞋忿火、貪盜火、邪僞火、愚癡火等五燒。因此，娑婆衆生要精進修行，以往生彌陀淨土極樂世界。

Question

30 《觀無量壽經》的內容說什麼？

《觀無量壽經》爲觀像念佛的重要經典，由於本經介紹觀想阿彌陀佛、觀世音、大勢至西方三聖及極樂淨土莊嚴的方法，而於十六觀中，以第九觀的觀阿彌陀佛眞身觀爲最重要的觀行，所以經名依此而立。

經名全稱爲《佛說觀無量壽佛經》，簡稱《觀經》，又稱《觀極樂國土無量壽佛觀世音菩薩大勢至菩薩》、《淨除業障生諸佛前》、《十六觀經》。全經共一卷，爲畺良耶舍法師所翻譯。

說法緣起

本經的說法緣起爲，佛在王舍城耆闍崛山時，太子阿闍世幽禁父王頻婆娑羅王，想要餓死他。結果，母后韋提希夫人不但藉由探視頻婆娑羅王，暗中供給酥蜜與葡萄汁，目犍連尊者還天天傳授八戒法，讓他更加容光煥發。阿闍世得知後大爲震怒，將母后幽閉宮中。韋提希夫人因而遙禮遠在耆闍崛山中的佛陀，請求佛陀派遣目犍連尊者和阿難尊者安慰她。

修三福與十六觀往生淨土

佛陀知道韋提希夫人的心意，其實是希望佛能親自爲她說法，因此現身宮中，爲她示現諸佛淨妙國土。韋提希夫人因阿闍世惡行悲痛萬分，期盼脫離充滿罪惡的人間穢土，於是發願往生極樂世界，佛陀進而爲她廣說往生極樂淨土的三福行及十六觀行。

三福行是往生極樂世界必修的三種淨業，包括世福、戒福、行福。十六觀行則爲憶念佛身與淨土而得以往生極樂，包括：日想觀、水想觀、地想觀、寶樹觀、

（王傳宏　攝）

寶池觀、寶樓觀、華座觀、像觀、眞身觀、觀音觀、勢至觀、普觀、雜想觀、上品往生觀、中品往生觀、下品往生觀。

透過修三福行，不但具有往生淨土的資糧，現世生活也能美滿幸福。透過十六觀行，不但能依此得見極樂世界，也能依此莊嚴自己此生的身心世界。

Question

31

《阿彌陀經》的內容說什麼？

《阿彌陀經》是漢傳佛教流傳很廣的淨土經典，內容簡要方便修持，爲漢傳佛教寺院晚課的課誦內容，也是冥陽兩利佛事關懷的重要經典，爲人們介紹往生西方極樂世界的莊嚴美好。

經名全稱爲《佛說阿彌陀經》，又稱《小無量壽經》、《小經》、《一切諸佛所護念經》、《諸佛所護念經》、《四紙經》。全經共一卷，目前最爲流通的版本爲鳩摩羅什法師所譯。

佛陀不請自說的經典

《阿彌陀經》是佛陀在舍衛國祇樹給孤獨園，主動向智慧第一的弟子舍利弗宣說的法，爲少數佛陀不請自說的經典。爲什麼佛陀要不請自說本經呢？這是出於不忍衆生苦的大悲心，末法時代的苦惱衆生根鈍障深，而其他法門又甚難成就，所以佛陀特別開示此一出離生死的捷徑，此一方便法門可以橫截生死，急救衆生。

無有衆苦，但受諸樂

西方極樂世界衆生無有衆苦，但受諸樂，故名極樂。阿彌陀佛是西方極樂世界的教主，因爲阿彌陀佛過去的悲願，在他成佛後所創造的西方極樂世界，可說是方便中的方便法門。《阿彌陀經》介紹阿彌陀佛西方淨土的清淨莊嚴，諸佛對極樂世界、阿彌陀佛的讚歎，以及持名念佛的種種利益和方便，勸人念佛往生。

極樂世界國土由七寶所成，黃金鋪地，光明燦爛。無論是莊嚴的寶樹、寶池、樓閣，或晝夜六時不停曼陀羅華雨與天樂，皆讓人身心清淨沒有煩惱。沒有苦不堪言的地獄、餓鬼、畜生等三惡道眾生，只有同修佛道的諸上善人。往生淨土者，皆於七寶池中蓮花化生，容貌端嚴，壽命無量。

《阿彌陀經》所介紹的極樂世界，雖然美好到難以思議，往生方法卻很簡單。只要相信阿彌陀佛，發願往生極樂世界，具有善根福德，能於一至七日一心不亂念佛，臨終時，阿彌陀佛就會前來接引往生。

（李東陽　攝）

Question

32

什麼是極樂世界的十六觀？

十六觀即是十六種觀法，又稱十六觀法、十六觀行。淨土行者由觀想彌陀的佛身與淨土，而得以往生極樂。

1. 日想觀：觀想日落之處即爲極樂世界，心念專注於落日，見日欲落，狀如懸鼓，開目、閉目之時，皆能清楚看見落日，即爲初步成就。

2. 水想觀：先觀想極樂世界皆爲廣大的海水，再觀想水轉化爲冰，大海變成琉璃般的清澈冰海。水想成已，名爲粗見極樂國地。

3. 地想觀：觀想琉璃世界之下，有金剛七寶金幢上擎琉璃地，地上以黃金繩爲邊線，大地用七寶爲地界，一一寶各有五百色光。如得三昧，可清楚看見極樂世界的大地。

4.寶樹觀：觀想極樂世界的寶樹，先觀想出七重排列的行樹，再觀想七寶花葉無不具足，一一花葉做異寶色，又一一樹上有七重網。

5.寶池觀：觀想極樂世界有八個蓮花池，一一池中有六十億七寶蓮花，摩尼水流注其間演說妙法。又有百寶色之鳥，讚歎念佛、念法、念僧。

6.寶樓觀：做此觀想可即刻成就以上五種觀法，粗見極樂世界寶樹、寶地、寶池，所以又稱總觀、總觀想、總想觀。觀想其一一界上有五百億寶樓，有無量諸天演奏妙樂。有樂器懸處虛空，不鼓自鳴。

7.華座觀：觀想佛所坐的蓮花座。

8.像　觀：觀想一閻浮檀金色佛像坐於蓮花座上，觀世音、大勢至二菩薩像侍於左右，各放金光。

9.真身觀：觀想阿彌陀佛的眞身，做此想即可見一切諸佛。

10.觀音觀：觀想觀世音菩薩。

11.勢至觀：觀想大勢至菩薩。

12.普　觀：觀想自心生於極樂世界，於蓮花中結跏趺坐。蓮花開時，有五百色光來照身，佛菩薩遍滿虛空。

13.雜想觀：觀想丈六佛像在池水上，或現大身滿虛空。即雜觀眞佛、化佛、大身、小身等。

14.上品往生觀：觀想上品往生行者發至誠心、深心、迴向發願心，並修慈心不殺等行，臨終蒙聖衆迎接。

15.中品往生觀：觀想中品往生行者受持五戒和八戒、修孝養父母等行，及感得聖衆迎接而往生等相。

16.下品往生觀：觀想下品往生行者雖造作惡業，然臨終遇善知識，而知稱念彌陀名號，將得以往生。

十六觀從第一觀到第十三觀，總名極樂世界淨土觀，第十四觀至第十六觀，則爲極樂世界的階位介紹。

Question

33

如何參加念佛共修？

在家念佛是淨土行者的基本功課，但是參加念佛共修也很重要。一般寺院都有念佛會，定期舉辦念佛共修，讓大眾藉由阿彌陀佛的加持，眞正一心不亂念佛，比起在家獨自念佛來得更有攝受力，更能體會念佛的妙用。如果能參加每週定期舉行的念佛共修，時間長度大約兩小時，費時不多，卻對提振道心大有助益。

打佛七

很多寺院不但每月有固定時間念佛共修，有時還會舉辦「打佛七」。聖嚴法師於《念佛生淨土》一書提到打佛七的典故，因為《阿彌陀經》經文中有：「聞說阿彌陀佛，執持名號，若一日、若二日、……若七日，一心不亂，其人臨命終時，阿彌陀佛，與諸聖衆，現在其前。」所以彌陀佛七一方面慶祝阿彌陀佛的聖

（曹爲民　攝）

誕，另一方面更期在七日之內能精進勇猛，一心不亂地念佛，以達證悟。

農曆十一月十七日為阿彌陀佛聖誕，佛教徒藉著誦念《阿彌陀經》，慶祝阿彌陀佛的誕辰，並仰仗阿彌陀佛的願力，虔誠念佛而發願往生西方淨土。寺院一般會在阿彌陀佛聖誕的前後七天，舉行「彌陀佛七」法會。

而中國人重視慎終追遠，所以清明節時，佛教徒也會藉由參加佛七來報恩，一般稱為「清明佛七」或「報恩佛七」，透過念佛、誦《阿彌陀經》將功德迴向給累世父母。

三時繫念與淨土懺

除了佛七，有機會也可參加三時繫念法會。三時繫念為淨土宗念佛法門之一，為元代中峰明本禪師制定的儀軌，規勸淨土行者依淨土法門念佛修持得解脫，並憑彌陀願力，幫助亡靈往生極樂世界，永脫輪迴之苦，爲冥陽兩利的佛事。

此外，念佛、拜佛之外，拜懺也很重要。淨土懺儀源起於宋代遵式知白法師創制的《往生淨土決疑行願二門》，藉著禮佛懺悔，幫助修行者懺除罪業，排除往生淨土的障礙。禮拜淨土懺，不只是爲自己懺罪求生淨土，也要發心拔一切眾生之苦，共同往生極樂國土，是自利利他的淨土懺法。

Question

34

如何修念佛三昧？

《大藏經》關於念佛三昧的經論和歷代祖師的著述，內容相當衆多。聖嚴法師於《念佛生淨土》一書，歸納出念佛三昧修法有四大重點：

一、要有要有定處、定期。

二、要有信願往生彼國。

三、要以至誠心常念佛不斷。

四、念佛要有次第漸進，可分四個層級：

1. **稱名念佛**：捨諸亂意，聲聲句句，念念相續，口宣佛號，心繫佛號聲。

2. **觀像念佛**：捨諸亂意，念念觀察佛的生身三十二相、八十種好，放巨億光明，在衆中說法。

3. **觀想念佛**：捨諸亂意，念念心向佛國方所，觀想佛國淨土的依正莊嚴，佛及菩薩、羅漢的悲智解脫，一切功德法身。

4.實相念佛：捨諸亂意，不取內外相貌，念念相續，觀想體驗，心佛衆生，一切諸法，實相無相，眞心無心，非空非有，即空即有，眞俗不二，萬法平等。

以上四個念佛層次，一般人最好先從稱名念佛起修，若得身心安穩，再進修觀像念佛、觀想念佛，至於實相念佛，則相等於禪宗的明心見性了，必須消業除障，身心安適，不生人我煩惱之時，方可修持。如何消業除障呢？稱名念佛，以及禮拜、懺悔、發菩提心，皆爲妙法。

蕅益大師曾說：「念佛三昧，名寶王三昧，三昧中王。」念佛三昧既是寶王三昧的三昧中王，照理應該鼓勵淨土行者依此精進修行，可是像般舟三昧的九十日行法，必須常行，不臥、不坐、不得休息，實在太過艱難。然而，蓮池大師、

（梁忠楠　攝）

省庵大師不但均曾修持念佛三昧，蓮池大師也鼓勵許多居士以九十天為期，修行念佛三昧，獲得成就。

Question 35

爲何說「有禪有淨土，猶如戴角虎」？

「有禪有淨土，猶如戴角虎」相傳出自永明延壽禪師的〈四料簡〉，他希望修行者可以禪淨並重，爲鼓吹禪淨雙修而撰此文。

揀別最佳的淨土修行法門

〈四料簡〉的意思爲以四首偈頌，比較揀別最佳的淨土修行法門，全文爲：「有禪無淨土，十人九蹉路；陰境若現前，瞥爾隨他去！無禪有淨土，萬修萬人去；但得見彌陀，何愁不開悟？有禪有淨土，猶如戴角虎；現世爲人師，來生作佛祖。無禪無淨土，鐵床並銅柱；萬劫與千生，沒個人依怙。」

有禪無淨土，如果只修禪不修淨土，十人有九人會走錯路，臨終只能隨業力受報而去；如果只修淨土不修禪則無妨，因爲萬修萬人去，見到彌陀終能開悟；如果禪淨雙修，恰如老虎戴角，修行會更加威猛有力，能自度度人；禪淨皆不修，沒有出離生死的方法，就只能等著求出無期的地獄了。因此，永明延壽禪師認爲最好的修行方法是禪淨雙修。

禪淨融合

中國自古以來，禪者兼修淨土念佛，或淨土行者兼修禪法，雖爲常見情況，但是在交流過程中，難免仍會發生禪與淨土的修行者各執己見，各認自家的修行法門最佳，是眞正的解脫生死之道。這種爭論不下的情況，造成禪宗僧衆遠居深山禪修，而淨土信仰則朝在家居士發展，透過組織共修念佛團體，讓彌陀法門深入民間。

自從永明延壽禪師鼓勵禪淨融合後，禪修者和念佛者大爲減少了紛爭，畢竟不論修禪或修淨土，所學的皆爲佛法。禪淨雙修是自力與他力雙管齊下、相輔相成，除了自己的努力修行，加上佛力協助，可說是自助而後天助。

無論能否修到預知時至，皆可確信至少能往生淨土繼續修行，不會生死茫然。禪淨雙修，對生死有信心，修行自然是威猛無比的戴角虎！

Question 36

如何修三福淨業？

《阿彌陀經》說：「不可以少善根福德因緣，得生彼國。」三福淨業便是重要的善根福德，是往生淨土的資糧。如《觀無量壽經》所說：「欲修淨業者，得生西方極樂國土，欲生彼國者，當修三福。」

所謂的三福淨業，即是：

1. 修世福：孝養父母，奉事師長，慈心不殺，修十善業。
2. 修戒福：受持三皈，具足眾戒，不犯威儀。
3. 修行福：發菩提心，深信因果，讀誦大乘經典，勸進行者。

因此，儲存往生淨土的資糧，不但要自修三福淨業，也要鼓勵他人一起共修三福淨業。

（李蓉生　攝）

Question

37 如何助念做臨終關懷？

一般人通常不知道修行的重要性，一旦無常來臨，難以自在面對生死，所以在臨命終時，需要他人幫忙助念。透過助念的功德和阿彌陀佛的願力，可以合力將臨終者送達佛國淨土。

至心念佛往生彌陀淨土

對病危者而言，要先讓他相信只要念佛必生淨土。因爲，一般人在臨命終時，能得心不顚倒、意不貪戀是不多的，而助念者的佛號，聲聲入耳，可使病危者的心不再恐懼、焦慮，引導他一心嚮往淨土，從而得到平安。如果臨終者的意識仍清楚，可勸他一起念佛，同結淨土緣。

《觀無量壽經》明確說明，由於阿彌陀佛的發願，即使是犯下五逆十惡罪的人，臨命終時若遇善知識說法安慰，教導念佛，至心稱念「南無阿彌陀佛」，便得往生彌陀淨土。由此可知助念的重要性，助念者爲臨終者介紹阿彌陀佛，即是臨終者的善知識。

助念要領和意義

助念者可分數組，一組二或四小時輪流助念。助念時稱念阿彌陀佛號，要一心一意，聲音整齊清楚，莫太急快、高聲或悲戚，應以莊嚴肅穆、和諧安寧的聲音，輕輕地念，讓臨終者能安詳自在往生。

聖嚴法師於《歡喜看生死》一書，解說助念有四種意義：1.是個人對個人、家庭對家庭的互助，把喪家的無依、無奈轉化爲互助的支持系統。2.幫助亡者往生西方極樂世界。3.協助亡者家屬安定身心。4.助念是助念者的一種修行方法，有弘法的功德。

助念不但是給予臨終者的最好祝福，就助念者來說，也是重要的修行福田。

Question

38

如何求生西方淨土？

彌陀淨土的修法，特重念佛一門，念佛即能往生淨土，是往生淨土的因行，但是經論和古代諸師的相關介紹，有不少大同小異的說法。

隋代淨影寺慧遠法師於《觀無量壽經義疏》，將《觀無量壽經》介紹的各種往生極樂世界方法分為四種：

1. 修觀往生：即修《觀無量壽經》十六觀行。
2. 修業往生：即修世福、戒福、行福等三福業。
3. 修心往生：發至誠心、深心、迴向發願心。
4. 歸向故生：皈依信受淨土教法，歸向往生之道。

（梁忠楠　攝）

另外，善導大師於《觀無量壽佛經疏》指出：「行有二種：一者正行，二者雜行。」依此提出五種往生正行：

1.讀誦正行：一心專讀誦《觀無量壽經》、《阿彌陀經》、《無量壽經》等經。

2.觀察正行：一心專注思想、觀察、憶念極樂世界正報與依報莊嚴。

3.禮拜正行：一心專禮阿彌陀佛。

4.稱名正行：一心專稱阿彌陀佛。

5.讚歎供養正行：一心專讚歎、供養阿彌陀佛。

其中的「稱名正行」為正定之業，因而以稱名為「正業」，其餘四種則為「助業」。除了正、助二行外，其他諸善行都是「雜行」。善導大師認為只有稱名念佛才是彌陀本願所誓、必得往生淨土的唯一之業，所以「稱名」最為重要。

往生淨土的資糧有多種，但祖師大德多認為念佛法門求生淨土，仍是最可靠也最保險的方法。宋、明以後，淨土行者多以念佛為要務，深信念佛即得生淨土，淨土修行必定念佛，念佛是最上功德。稱名念佛因而取代觀想念佛、觀像念佛、實相念佛等三種念佛法，影響中國淨土思想至大，成為現今修持彌陀法門往生淨土最常用方法。

4

彌陀願海光明人生

Question

39

爲何彌陀法門特別適合忙碌現代人修行？

「忙」字是現代人的生活寫照，忙著上班工作，忙著交際應酬，忙著回覆信息……，總覺得一天二十四小時不夠用，哪裡抽得出時間修行呢？然而「忙」的結果，讓人生活「盲」目，不知一生爲誰辛苦爲誰忙。

讓心保持覺醒

「佛」字是現代人的生活解藥，因爲佛字的意思是「覺醒」，而念佛就是讓心保持覺醒，所以彌陀法門特別適合現代忙人。每天面對千頭萬緒的工作，千變萬化的訊息，該用什麼方法來安心呢？心亂時，念佛收心；生氣時，念佛消氣；生病時，念佛平安……，念佛方法如此妙用無窮，可說是最有效的「定心丸」。

（李蓉生　攝）

隨時隨地不忘佛號

聖嚴法師曾說：「『忙』沒關係，不『煩』就好；『忙』不是問題，『煩』就變成了困惱。」不論發生任何事：急事、難事、禍事、凶事、喜事，隨時隨地不忘一句阿彌陀佛，念念都能平安自在，事事都能逢凶化吉，因爲所有的事都是歡喜佛事，可廣結法緣。

Question

40

彌陀信仰是專屬老人的信仰嗎？

人生的問題只有老人才有嗎？只有老人才要面對生死大關嗎？如果答案是否定的，那麼彌陀信仰當然也不是專屬老人的信仰。

念佛適合各年齡層

現在社會的快速步調使得人人都生活在緊張中，年輕人有對前途的茫然不安、感情的困惑迷惘，中年人有事業需要奮鬥、家庭責任需要承擔，這些問題都需要紓解身心壓力的方法，而所有的年齡層人們都能從念佛得到安身立命的助益。只要依著彌陀法門修行，相信自己定能往生淨土，除今生有自利利人的努力方向，也不必擔心來生去往何方，能活出積極踏實的人生。

（李澄鋒　攝）

人人可修彌陀信仰

在念佛法會看到的信衆年齡比例，銀髮族確實常占大多數，這是因為他們退休後時間充裕，所以有空閒參加修行活動，而上班族往往需要加班或照顧家庭，所以分身乏術。如果因此誤認為彌陀信仰是專屬老人，青年人和中年人不需要，以致蹉跎念佛的歲月，將非常可惜。

Question

41

一句阿彌陀佛如何開百萬善門，關百萬障門？

若說生氣是「一念瞋心起，百萬障門開」，念佛則是「一念善心起，百萬善門開」。念佛可說是最快息滅瞋火的方法，一句阿彌陀佛助人立即轉念，避免怒火自傷傷人，可心平氣和處理問題。

念佛不僅可以防護我們的身心，不造惡業，關閉一切障門，更有許多不可思議的種種功德，能積福報，開啓一切善門。

念佛十大功德利益

蓮池大師於《雲棲法彙》總結念佛功德，可於現世獲得十種利益：

1. 晝夜常得諸天、大力神將，並諸眷屬，隱形守護。

2.常得二十五大菩薩，如觀世音等，及一切菩薩，常隨守護。
3.常爲諸佛晝夜護念，阿彌陀佛常放光明攝受此人。
4.一切惡鬼，若夜叉、羅刹皆不能害；一切毒蛇、毒龍、毒藥悉不能害。
5.一切火難、水難、冤賊、刀箭、牢獄、杻枷、橫死、枉死，悉皆不受。
6.先所作罪，悉皆消滅，所殺冤命，彼蒙解脫，更無執對。
7.夜夢正直，或復夢見阿彌陀佛勝妙色身。
8.心常歡喜，顏色光澤，氣力充盛，所作吉利。
9.常爲一切世間人民，恭敬供養禮拜，猶如敬佛。
10.命終之時，心無怖畏，正念現前，得見阿彌陀佛，及諸菩薩聖衆，手持金臺接引，往生西方淨土，盡未來際，受勝妙樂。

一句佛號功德無量

創辦臺中市佛教蓮社的李炳南居士曾說，念佛有三大利益：

（李蓉生　攝）

1. 一句佛號，能消滅八十億劫生死重罪。

2. 一句佛號，能息除人生煩惱，消災延壽得福慧。

3. 一句佛號，能跳出六道輪迴，往生極樂世界，永遠長生不滅。

由此可知，念佛者不只是善人，更是有福之人。

Question

42

工作時可以念佛嗎？

如果所從事的工作，不用集中心念思考，比較屬於勞動性質，可以一邊念佛一邊工作，兩者不但不衝突，還可更輕鬆愉快。如廚師可以一邊炒菜一邊念佛，工人可以一邊搬貨一邊念佛，或是利用走路、等人時間來念佛。

安排念佛定課

如果工作需要專心思考或是團隊合作，則建議可以安排每日念佛定課，例如利用每日早晚固定時間，不限念佛次數多少，專心持誦佛號；或是每日限定念佛次數，無論忙閒，午休或其他時間得空時，必定圓滿持誦；或是採用十念法，利用上班前後或午休時間，面向西方持誦佛號，最後念〈迴向偈〉，再朝西方禮佛三拜。

（陳孟琪　攝）

工作中念佛的基本原則，是得閒即念佛，事忙則做事。雖然隨時隨地皆可念佛，但我們畢竟不像永明延壽禪師日久功深，念佛工夫自成一片，所以還是需要衡量工作性質。

修行即修心

無論所從事的職業，是否方便同時念佛，最重要的是以清淨心、安定心、光明心、歡喜心來做事，因爲修行就是修心，念佛就是憶念佛心，當我們能如此用心工作，也就是與佛心心相印。

Question 43

念佛如何培養生活幸福感？

人們往往容易自尋煩惱，不是懊悔過去、抱怨現在，就是擔憂未來，難以像阿彌陀佛一樣時時帶著親切的微笑，讓人心生歡喜。

幸福感的來源

鄭石岩老師曾於〈正向看待，容易有幸福感〉一文，分享他多年的心理諮商經驗發現，幸福的人在平常生活中，是用正向方式去看待一切；不幸的人比較執著，有很多負面的情緒，而且我執、自我中心非常強，感覺到的壓力也比較大。幸福是當下現成的，能否感受得到端看我們的想法是否正向。

鄭老師並拋出一個問題：「如果一個人覺得不幸福、不開心、不歡喜，每天念『阿彌陀佛』，最後阿彌陀佛也接受你的申請，眞的到了極樂世界，問題是我們不開心、不幸福，極樂世界會過得慣嗎？」

口到、耳到、心到

如果念佛的當下，感受不到幸福法喜，我們如何勸人念佛呢？往生後能住得慣極樂世界嗎？念佛是憶念佛的功德、佛的慈悲、佛的光明與智慧，藉此曙光破曉，照亮無明暗夜般的人生。

印光大師說念佛要念到「三到」：口到、耳到、心到。口到是專一稱念佛號，耳到是清清楚楚聽見念佛的聲音，心到是攝心用功。如果念佛有口無心，只爲累積功德計數而念，將變成是一種做功課的壓力，而無法從中感受到學佛的歡喜心、幸福感。

阿彌陀佛四個字，不只是代表無量光、無量壽，也代表彌陀的無量大願，我們在稱念佛名時，能否將佛號完全融入自己的生命呢？念佛發願不自我設限，層層突破我執的煩惱蠶繭，內心的光明將破繭而出，感受到念佛的無比喜悅，念念光明、處處幸福，如阿彌陀佛一樣歡喜微笑。

Question 44

念佛為何能自度度人？

由於人們常誦《阿彌陀經》為往生者祝福，有的人初次誦經念佛即是在助念或告別式時，所以容易誤解《阿彌陀經》專用於超度亡者，將阿彌陀佛與死亡聯想在一起。

超度的意義

持誦《阿彌陀經》與念佛不只能超度亡者，更重要的是超度生者。對中國人來說，超度專指以念佛、誦經等儀式藉由佛力超薦亡者、亡靈，往生佛國或善道。其實超度二字的意思，並非專指超薦亡者，眞正的意義是指經由理解和實踐佛法，使人離苦得樂，轉危為安，解脫自在。

佛陀講經說法的對象是人間的七眾弟子，說法主要是為了人類而說。佛陀最初在鹿野苑說法，便是轉苦、集、滅、道四諦法輪。知道有苦，便不再造作受苦的因，要從根本上滅絕苦，就要修證八正道等一切法門，不僅自求滅苦，也助人滅苦，運用佛法來自度度人。

以佛法超度生者的目的，是希望人們運用佛法超越三界的火宅，度過生死的苦海。在茫茫的生死苦海中，想要抽身上岸，必須依靠佛法慈航的救濟，也即是依靠佛教導的戒、定、慧三學與六度四攝，自利利他。

念佛是最容易修的超度法門

在眾多的修行方法裡，最容易修的超度法門是念佛，不論時地，不揀根基，只要念佛，便得利益。迷人須仗佛度，悟人則是自度，既已習得念佛妙法，定當學習阿彌陀佛發願，以此自度度人。

（邱惠敏 攝）

彌陀法門的念佛方法，確實是以死後往生極樂世界爲主要目標，但是也能同時懺除宿世的重罪，並讓現生平安快樂。在念佛的當下，不只超度自己一身的煩惱，也超度祖先累劫的業力，種下同生蓮邦的法緣。而在日常生活中，我們以清淨的身、口、意待人，以慈悲與智慧影響身邊的人們，也是活用佛法超度大眾。

Question

45

害怕面對死亡，不敢幫忙助念怎麼辦？

爲臨終者助念往往時間緊急如救火，但是有的人卻不敢幫忙助念，因爲害怕面對死亡，恐懼看到大體，而難以跨越關卡，只好在心中默默念佛祝福。

練習面對生死無常

有生就有死，沒有人可以不經歷死亡的考驗，助念不只是對臨終者的最後陪伴與祝福，其實正可以幫助自己練習面對死亡，預先做好準備，提醒自己生死無常，要精進用功。

助念具有很多重要的意義，對往生者來說，能心開意解，蒙佛慈悲接引；對亡者家屬來說，是溫馨關懷，能種菩提善根；對助念者來說，可念佛培福，廣結度人善緣；對三寶弟子來說，是莊嚴佛事，爲無上功德福田。

送未來佛到極樂世界

聖嚴法師常勉勵大衆：「死亡不是一件喜事，也不是喪事，而是一件莊嚴的佛事。」當心裡對助念感到不安時，只要想到每一次助念就是送一位菩薩、未來佛到西方極樂世界，是完成莊嚴的佛事，便能感到平安吉祥，而願一起歡喜送未來佛到西方淨土。

Question

46

求生淨土會讓人生命態度變消極嗎？

有人認為修持彌陀法門會讓人消極，厭離人世，一心求生淨土，其實淨土行者非但不會消極厭世，反而會積極入世。因為往生淨土不能缺少善根福德因緣，必須行善種福累積福德資糧。而且發菩提心，更是求生淨土的基本條件，念佛是學習佛的慈悲與智慧，不僅希望自己解脫，也要幫助眾人解脫。

聖嚴法師自言：「我常念佛，也常教人念佛，勸人念佛。」法師肯定念佛求往生西方淨土的心念，但那屬於未來的遠景，我們生在娑婆世界，更重要的是要建設人間淨土，這是現在的願景。修持彌陀法門最重要的是能自利利他，發菩提心、行菩薩道。

（吳瑞恩　攝）

聖嚴法師常比喻往生西方極樂世界是去留學，在西方淨土中精進修行，最後還是要下生人間，幫助更多的人，就像學成後歸國，繼續奉獻自己所學，改善我們的環境，讓世界變得更好，這也正是法師「提昇人的品質，建設人間淨土」理念的實踐。

Question

47

爲何極樂世界能諸上善人俱會一處，人間卻充滿怨憎會苦？

每個人都希望和自己喜歡的人同在一起，不要總是怨家路窄，可是往往事與願違，這種情況在佛法來說，就是所謂的「怨憎會苦」，想要遠離憎惡的人事，結果反而共聚一堂。

志同道合的清淨眾

而在極樂世界裡，不但沒有怨憎會苦，而且是諸上善人聚會一處，只有佛法的交流，沒有煩惱的爭執。爲什麼極樂世界沒有怨憎會苦呢？因爲往生西方淨土者皆蓮花化生，不像娑婆世界眾生是因愛欲而生，家庭生活充滿種種感情糾葛。往生淨土者皆爲修學佛法而來，所以皆是志同道合的清淨眾，反觀世間人們相聚常因名利財色，所以充滿複雜的利益衝突。

（吳瑞恩　攝）

與善人常聚

如何能轉人間的怨憎會苦為極樂的清淨法樂呢？我們很難期待怨家有所改變，但是可以改變相處的因緣條件。往生西方淨土必修的三福行，其實也是建設人間淨土的資糧，常行善種福田，自能廣結善緣，與善人常聚。

學佛為何需要善知識呢？不只是因為可以方便學佛，建立正確的知見，而且可以幫助自己提振道心。極樂世界的生活清淨無染，不只是因為環境優美莊嚴，更是因為諸上善人以清淨心守護淨土。如果我們常親近善知識，便能夠於現世同建清淨美好的人間淨土，未來更同生極樂國。

Question

48

淨土行者如何實現人間淨土？

所有大乘法門都在教導眾生「發菩提心、修菩薩行」，往生淨土的最基本條件，並不是念佛念到入禪定，風吹不透，雨打不濕，而是要發菩提心。

莊嚴娑婆世界成為淨土

阿彌陀佛的淨土是由無量無邊的菩提心、菩薩萬行所成就。《阿彌陀經》提醒我們大乘法門的本願，是希望莊嚴淨土，而並不是只有莊嚴西方極樂世界而已，同時也要莊嚴現在的娑婆世界成爲淨土，希望娑婆世界能像西方極樂世界一樣安樂莊嚴。淨土行者應以阿彌陀佛爲學習對象，學習無量的清淨、光明、平等、智慧、慈悲。該如何展開行動做起呢？就從念佛清淨平常的每一念開始。

體驗自心淨土

其實，在我們念佛的當下，可以同時完成佛國淨土、自心淨土和人間淨土，因爲當我們的心清淨了，就能體驗自心淨土，體會人間淨土現前。成就自心淨土，就能明白自心即佛，能見彌陀法身，死後定生西方淨土。

修行淨土法門的人不但感恩現有生活，並將淨土法門落實在現實生活中。推廣彌陀信仰，並不是將信仰的佛國淨土搬到地球上來，而是用佛法的觀念淨化人心，用佛教徒的生活規範淨化社會，通過思想、生活、心靈的淨化，以聚沙成塔、滴水穿石的逐步努力，來完成社會環境和自然環境的淨化，實現美好的人間淨土。

Question

49 如何以彌陀法門歡喜看生死？

我們面對死亡的態度，其實就是面對生命的態度，佛教徒相信人有無限的過去、現在、未來三世生命。佛教稱死亡爲「往生」，表示死後並非一了百了，而是有未來希望的。

佛教徒通常會發願往生佛國淨土，或是發願回人間行菩薩道。由於清楚生死的方向，所以佛教徒面對死亡不會感到恐懼，認爲是歡喜的佛事，無論去往何方，都是繼續著成佛之道。

三種面對生死的態度

在證悟解脫生死前，面對生死的態度，可分爲三種：

（釋常鐸　攝）

1.隨業生死：一般人無法自主生死，只能生死茫然，隨著業力不斷輪迴六道。

2.自主生死：學佛者清楚生死無常，知道生死是怎麼一回事，透過修行學習解脫道、菩薩道。

3.超越生死：淨土法門是視死如歸的法門，是向死而生的，淨土行者無畏死亡而超越生死，欣然往生西方。

佛教認為生死方式有三種：

1.凡夫眾生的分段生死：此指肉體的生死。分段表示生命是一個階段、一個階段地生生死死；從生到死，再從死到生。凡夫只有生死，無法提昇生命的意義和品質。淨土行者往生淨土前，皆為分段生死，往生之後蓮花化生，了分段生死，不再有肉身，不再會死亡。

2.聖者的變易生死：菩薩從初地至十地成佛為止，功德於每一地都在變化，法身慧命不斷在成長，有意生身可隨緣度衆，稱為變易生死。往生淨土的凡夫菩薩會持續修行，直至長成如觀世音菩薩的一生補處菩薩，經最後一生斷最後一品無明，便能成佛。

3.大涅槃的不生不死：成佛果位是大涅槃，超越肉身，實證法身，達到絕對的不生也不死，並能以種種身分化現於所有衆生的生死苦海。雖有生死現象，但無生死煩惱。

修持彌陀法門的淨土行者，雖然期盼往生西方花開見佛，但是不會祈求速死，當生則生，當死則死，感恩生命，也感謝死亡，以平常心面對生死。當臨終一刻到來，將帶著一生的功德，迎向充滿希望和光明的全新生命旅程。

Question
50
如何身在娑婆、心在極樂，轉極苦人生爲極樂人生？

決定我們所在的世界是淨土或穢土，決定每天的生活是快樂或痛苦，關鍵都在於自己的心。

念佛能離苦得樂

我們爲什麼要念阿彌陀佛？爲什麼想要往生極樂世界？學佛的出發點，是爲了明白人生爲何如此苦，找到解決的方法以離苦得樂。佛陀教導我們苦、集、滅、道四聖諦，苦諦是認識苦的事實，集諦是了解苦的原因，滅諦是滅除苦的原因，道諦是滅苦的方法，明白了這四種眞理，知苦、斷集、證滅、修道，才可能解脫人生苦海。

生命本身就是苦的根源，如果沒有覺察到問題的根本，無論我們如何追求財、色、名、食、睡各種快樂享受，快樂只是暫時的現象，欲望永遠無法得到眞正的滿足。面對人生的八苦，生苦、老苦、病苦、死苦、愛別離苦、怨憎會苦、求不得苦、五蘊熾盛苦，看清這些痛苦都是來自生命本身，我們便知道爲何需要念佛修行得解脫。

極樂世界爲何是幸福快樂的世界呢？重點不在於七寶嚴飾或黃金鋪地，也不在於衣食無缺，而在於心的清淨無染，所以沒有煩惱。即使我們以極樂世界爲藍圖，在人間打造黃金屋，學習給孤獨長者以黃金鋪地，所建成的也不會是佛國淨土，因爲極樂世界的建設重點不在於外在環境，而在於阿彌陀佛的大願心。

念佛生淨土

聖嚴法師曾說：「一念存好心，一念生淨土；一念離煩惱，一念見淨土。一

（鄧博仁　攝）

處有人行善，一處即是淨土；處處有人行善，處處都見淨土。」雖然我們的身體在娑婆世界中，體驗生老病死苦，但是如能轉煩惱心爲念佛心，便是行向阿彌陀佛、行向極樂世界，能夠處處安樂行。即使常聞娑婆衆苦之音，透過念佛將可轉爲西方極樂之聲，因爲皆會讓我們生起念佛、念法、念僧之心，以佛法幫助自己轉苦爲樂，轉染爲淨。

念佛能開啓我們的自心光明，轉動菩薩行願的力量。願自己的每一個呼吸、每一個動作，都能憶念著佛；願自己的每一個腳步，都能在人間開出一朵蓮花，步步蓮花建淨土。

學佛入門Q&A 26

阿彌陀佛50問

50 Questions about Amitabha Buddha

編著	法鼓文化編輯部
攝影	王育發、王傳宏、李東陽、李蓉生、李澄鋒、吳瑞恩、周淑瑛、邱惠敏、曹為民、梁忠楠、陳孟琪、許朝益、張晴、鄧博仁、釋常貴、釋常鐸
出版	法鼓文化
總監	釋果賢
總編輯	陳重光
編輯	張晴
美術設計	和悅創意設計有限公司
地址	臺北市北投區公館路186號5樓
電話	(02)2893-4646
傳真	(02)2896-0731
網址	http://www.ddc.com.tw
E-mail	market@ddc.com.tw
讀者服務專線	(02)2896-1600
初版一刷	2020年11月
建議售價	新臺幣180元
郵撥帳號	50013371
戶名	財團法人法鼓山文教基金會—法鼓文化
北美經銷處	紐約東初禪寺 Chan Meditation Center (New York, USA) Tel: (718)592-6593 Fax: (718)592-0717

法鼓文化

國家圖書館出版品預行編目資料

阿彌陀佛50問 / 法鼓文化編輯部編著. -- 初版.
-- 臺北市 : 法鼓文化, 2020.11
面； 公分
ISBN 978-957-598-867-8（平裝）

1.阿彌陀佛 2.佛教修持

225.81 109013764